Die Joyceschen Liebesgedichte orientieren sich handwerklich perfekt an älteren Formen, füllen aber dieses Formenrepertoire mit einer modernen Auffassung dessen, was die Liebe ist. Der Effekt ist eine eigenartige Spannung. Sie klingen sprachlich, rhythmisch und reimtechnisch nach einer vergangenen Zeit, transportieren freilich Sehnsüchte, die durchaus modern sind. Joyce ging es darum, »die perfektesten Liebeslieder unserer Zeit« zu schreiben, was in seinen Augen nur möglich war, solange er nicht wirklich verliebt war, sondern dichtend eine ideale, überwirkliche Liebe besingen konnte.

James Joyce, der große Sprach- und Formerneuerer, sein Roman »Ulysses« gilt als der Roman des 20. Jahrhunderts schlechthin, wurde am 2. Februar 1882 in Dublin geboren und starb am 13. Januar 1941 in Zürich.

insel taschenbuch 3345

James Joyce

Liebesgedichte

James Joyce
Liebesgedichte

Aus dem Englischen von
Hans Wollschläger
Ausgewählt und mit
einem Nachwort versehen
von Friedhelm Rathjen

Insel Verlag

Umschlagabbildung: Consuelo Vanderbilt von Paul César Elleu,
© Musée des Beaux-Arts André Malraux,
Le Havre, France/Giraudon/The Bridgeman Art Library
Das Gedicht »Bist du nicht müd das glühnde Fragen«
wurde von Klaus Reichert übertragen

insel taschenbuch 3345
Erste Auflage 2008

Vertrieb durch den Suhrkamp Taschenbuch Verlag
Umschlag: Michael Hagemann
Satz: Hümmer GmbH, Waldbüttelbrunn
Druck: Ebner & Spiegel, Ulm
Printed in Germany
ISBN 978-3-458-35045-3

1 2 3 4 5 6 – 13 12 11 10 09 08

Kammermusik

1907

I

Saiten in Erd und Luft
  Machen süße Musik;
Saiten am Fluß, wo Duft
  Um der Weiden Gewieg.

Musik erklingt an den Wassern:
  Ein Liebender geht,
Im Haar dunkle Blätter, den Mantel
  Von Blüten umweht.

Ein spielendes Schwirren
  Die Sinne ihm leise dehnt,
Und Finger irren
  Auf einem Instrument.

II

Das Zwielicht dunkelt von Amethyst
  Zu tief- und tieferem Blau;
Die Lampe erfüllt mit grünlichem Glühn
  Die Straßenbäume lau.

Das alte Klavier ein Liedchen spielt,
  Ganz langsam, still, und schweigt;
Sie beugt sich über die Tasten gelb,
  Den Kopf herübergeneigt.

Scheu Augen, geweitet über der Hand,
  Die wandernd voll Lauschens ist –
Das Zwielicht vertieft sich zu dunklerem Blau
  Mit Lichtern von Amethyst.

III

Zu der Stunde, da alles der Schlummer hält,
  Hörst du, der nun einsam gen Himmel schaut,
  Im Nachtwind der seufzenden Harfen Laut,
Die der Liebe rufen, daß endlich der Welt
  Neu ein Sonnenmorgen graut?

Da alles in Schlummer noch, wachst du schon,
  Zu hören der süßen Harfen Spiel
  Vor der Liebe auf ihrem Weg zum Ziel
Und des Nachtwinds flüsternde Antiphon,
  Bis der Nacht Überwindung ihr Lohn?

Spielt fort, ihr Harfen, der Liebe ruft,
  Deren Himmelsweg eine glühende Zier
  Zu der Stunde, in sanfter Lichter Spalier,
Sanft süße Musik hoch droben in Luft
  Und auf der Erde hier.

IV

Wenn hoch am Himmel zieht der Stern
  So mädchenscheu, untröstlich schier,
Hörst aus dem schläfrigen Abend fern
  Du Einen, der singt vor deiner Tür.
Sein Lied kommt leiser als das Taun,
  Und er ist da, um dich zu schaun.

O senk dich nicht in Träumerein,
  Wenn seine Töne dich bedrängen,
Noch sinne: Wer mag dieser Sänger sein,
  Dess' Lied mir will das Herz beengen?
Lausch nur dem Liebesklang darin,
  So weißt du, daß ich dein Besucher bin.

V

Beug aus dem Fenster dich,
   Lockengold,
Ich hörte dich singen
   Ein Lied so hold.

Mein Buch ist geschlossen,
   Ich lese nicht mehr,
Seh tanzen am Boden
   Ein Flammenheer.

Ich verließ mein Buch:
   Ich verließ mein Gemach:
Denn ich hörte dich singen
   Im Dunkel wach,

Singen und singen
   Ein Lied so hold.
Beug aus dem Fenster dich,
   Lockengold.

VI

In jenem Busen möcht ich sein
  (O süß ist er und schön ist er!)
Wo kein rauher Wind dräng auf mich ein.
  Weil Not mich hält und viel Beschwer,
Möcht ich in jenem Busen sein.

Ich möcht in jenem Herzen sein
  (O leis mein Klopfen, sanft mein Flehen!)
Wo nur noch Friede wäre mein.
  All meine Not müßt mir vergehen,
Könnt ich in jenem Herzen sein.

VII

Mein Liebchen seh ich in leichtem Kleid
  Unter Apfelbäumen gehn,
Wo die lustigen Winde voll Lüsternheit
  Gern in Gesellschaft wehn.

Wo die Winde umwerben in flüchtiger Hast
  Die jungen Blätter so wild,
Geht langsam mein Lieb und betrachtet erblaßt
  Im Gras ihr Schattenbild.

Und wo der Himmel ein Becher ist,
  Blaßblau über lachendem Land,
Geht leicht mein Lieb und hält voller List
  Ihr Kleid mit zierlicher Hand.

VIII

Wer geht im grünen Wald,
    Im Schmuck der hellen Frühlingszeit?
Wer geht im fröhlichen grünen Wald,
    Zu mehrn seine Fröhlichkeit?

Wer schreitet dahin im Sonnlicht
    Den Weg, dem leichter Schritt vertraut?
Wer schreitet dahin im süßen Sonnlicht,
    So strahlend wie eine Braut?

Die Wege durch all das Waldland,
    Sie leuchten in sanftem und goldenem Feuer –
Für wen trägt all das sonnige Waldland
    Ein Kleid, so köstlich und teuer?

Ah, 's ist für mein teures Liebchen,
    Daß die Wälder im reichen Schmucke stehn –
Ah, 's ist für mein einzig teures Liebchen,
    Das ist so jung und schön.

IX

Maienwind, tanzend hin über das Meer,
Tanzend im Ringelreihn lustig daher,
Von Furche zu Furche, derweil hoch droben
Der Schaum fliegt auf, zu Girlanden verwoben
In silbrigen Bögen, durchspannend dein Wehn –
Hast irgendwo du mein Liebchen gesehn?
  Maienwind! Maienwind!
  Wehst so geschwind!
Liebe wird Unglück, wenn Liebe verrinnt!

X

Hell unter Bäumen
Singt er mit Schalle:
Kommt, folgt mir alle,
Die Liebe ihr spürt!
Laßt Träumern das Träumen,
Die doch nie erwachen,
Die Lieder und Lachen
Noch nimmer gerührt.

Und hin ohne Säumen
Geht er mit Singen;
Und Bienen umringen
Ihn wild im Verein.
Vorüber das Träumen,
Das lang uns nur trübte –
Ich komme, Geliebte,
Dein Liebster zu sein!

XI

Sag ade und gib dich drein,
   Sag ade der Mädchenzeit:
Liebe kam, um dich zu frein,
   Dich und deine Mädchenheit –
Den Gürtel, der dir Zierde war,
Das Stirnband um dein gelbes Haar.

Wenn dir sein Name dann erschallt
   Im Hörnerklang der Cherubim,
So löse sanft des Gürtels Halt,
   Enthüll den Mädchenbusen ihm
Und mach ihm auch das Stirnband weit,
Das Zeichen der Jungfräulichkeit.

XII

Was hat dir der verkappte Mond
Ins Herz geflüstert, scheues Kind,
Von Liebe, die im Vollmond wohnt,
Von Sternen, die ihm Diener sind –
Ein Weiser, dem an List verwandt
Der Kapuziner-Komödiant?

Glaub lieber mir, dem weisern Mann,
Dem Göttliches geringe gilt:
In diesen Augen – schau sie an –
Erzittert wahr ein Sternenbild!
Nie wieder mache tränenblind
Der Mond dich, süß gefühlig Kind!

XIII

Geht, sucht sie artig mir und sagt,
  Ich harre lang,
Ihr würzigen Winde, deren Lied
  Ein Hochzeitssang!
Eilt über die dunklen Lande hin
  Und lauft hin über die See,
Denn See und Lande solln trennen uns
  Nun nimmermeh'.

So, mit Verlaub denn, weile, Wind,
  Nicht länger hier,
Und kommst du in ein Gärtlein klein,
  So sing am Fenster ihr –
Sing: Sieh, der Brautwind sagt dir an
  Der Liebe hohe Zeit;
Bald wird dein Liebster bei dir sein,
  O sei bereit!

XIV

Mein Täubchen, mein schönes du,
  Auf, schlummre nicht!
  Der Nachttau dicht
Bedeckt schon mein Gesicht.

Die duftenden Winde weben
  Aus Seufzern Musik:
  Schlummre nicht, flieg,
Mein Täubchen, mein schönes du!

Ich warte am Zedernhain,
  Meine Schwester, meine Lust.
  Weiße Taubenbrust,
Meine Brust dein Bett soll sein.

Der Tau, blaß und licht,
  Hüllt den Kopf mir ein.
  Du mein Täubchen, mein schönes,
Auf, schlummre nicht!

XV

Steh auf, mein Seel, aus tauigem Traum,
  Aus Tod und tiefem Liebesschlaf,
Denn sieh! voll Seufzer hängt der Baum,
  Dess' Laub des Morgens Mahnung traf.

Im Osten dämmert's hinterm Berg,
  Sanft glühend wie von Feuerschein,
Läßt zittern all das Schleierwerk
  Aus Sommerfäden, golden fein.

Derweilen, süß und sanft sonor,
  Wind an die Blumenglocken rührt,
Und weiser Elfenstimmen Chor
  (Unzählig!) jedes Ohr verführt.

XVI

Wie kühle doch das Tal ist nun –
  Dort wolln, mein Lieb, wir gehn,
Denn manch ein Chor singt leise nun,
  Wo Liebe oft tät gehn.
Und hörst du nicht die Drosseln rufen,
  Rufen uns von hier?
Wie kühl und freundlich ist das Tal –
  Dort, Lieb, wolln bleiben wir.

XVII

Weil deine Stimme bei mir war,
  Er Schmerz nun fühlt,
Denn deine Hand in meiner Hand
  Ich wieder hielt.

Kein Zeichen mehr und auch kein Wort
  Macht's ungeschehn –
Er ist ein Fremder mir, den ich
  Als Freund gesehn.

XVIII

O Liebling, höre
  Des Liebsten Geschicht:
Ein Mann muß sich grämen,
  Wenn Freundestreu bricht.

Denn er weiß dann, daß Freunde
  Auch untreu sind
Und ihre Worte
  Wie Asche im Wind.

Doch Eine bewährt sich
  Und naht ihm zart,
Umwirbt ihn zärtlich
  Auf liebe Art.

Seine Hand liegt unter
  Weichrunder Brust:
Dem Gram geworden,
  Wird Ruhe und Lust.

XIX

Traure nicht, weil alle Welt
  Dir unentwegt nur Lügenlärm beschert:
Wenn's den Menschen so gefällt –
  Wirst du davon entehrt?

Trauriger als alle Tränen
  Verläuft ihr Leben, ein beständig Ach.
Stolz antworte ihren Tränen –
  Sag nein, tu's ihnen nach!

XX

Ich wollte, wir könnten
  Im Fichtenwald sein,
Im tiefkühlen Schatten
  Zu Mittag, allein.

Wie süß, dort zu liegen,
  Zu küssen uns traut,
Wo aus riesigen Fichten
  Ein Walddom erbaut.

Dein Küssen, sich neigend,
  Noch süßer wär's
Im sanften Getümmel
  Deines Haars.

Oh, zu den Fichten
  Am Mittag, allein,
Komm mit mir, Lieb,
  Dort wollen wir sein.

XXI

Wem keine Seele freund in Not,
Wer allen Ruhm gegeben hin
Und trotz der Feinde Grimm und Spott
Festhält an altem Edelsinn –
Ein solcher Mann, gefährtenlos,
Hat doch die Liebe zum Genoß.

XXII

So himmlischer Gefangenschaft
  Freut meine Seel sich still –
In Armen, deren sanfte Haft
  Ergebung ist und will.
Ah, schlössen sie mich ewig ein,
Wie gern wollt ich Gefangner sein!

Liebste, so Arm verstrickt mit Arm,
  Von Liebe zitternd schwach,
Verlockt die Nacht mich, da kein Harm
  Uns schüfe Ungemach,
Da Schlummer sich in Traumschlaf schmiegt
Und Seel bei Seel gefangen liegt.

XXIII

Dies Herz, das mir am Herzen fühlt,
   Ist all mein Reichtum und Genuß,
Unglücklich, wenn's zu scheiden gilt,
   Und glücklich zwischen Kuß und Kuß;
Mein Reichtum und Genuß – fürwahr! –
Mein Glück nun immerdar.

Denn dorthin, wie ins Moosversteck
   Der Zaunschnerz viele Schätze ernt't,
Gab meine Schätze ich schon weg,
   Eh Weinen noch mein Aug gelernt.
Solln wir nicht weise sein wie er,
Wenn Lieb auch kurz nur wär?

XXIV

Schweigend sitzt sie, kämmt sich,
  Kämmt ihr langes Haar;
Schweigend bietet, anmutsvoll,
  Sie ihr Lächeln dar.

Die Sonne liegt im Weidenlaub,
  Auf buntgeschecktem Gras,
Und sie, sie kämmt ihr langes Haar
  Und schaut ins Spiegelglas.

Ich bitt dich, laß das Kämmen,
  Laß dein langes Haar,
Denn oft schon bot sich Hexenart
  Wohl unter Lächeln dar,

Die's einerlei macht für den Liebsten,
  Ob er nun nah, ob weit –
Ein schönes Lächeln, so anmutsvoll
  Und voll Gleichgültigkeit.

XXV

Leichten Schritts komm oder geh,
  Weissagt dir dein Herz auch Weh,
Täler, geschwundene Sonnen zuhauf,
  Bergnymphe, laß deinem Lachen den Lauf,
Bis der respektlosen Lüfte Schar
Kraust und zaust dein fliegend Haar.

Leichten Schritts – nur immer so hin:
  Wolken, die über den Tälern ziehn,
Daß der Abendstern erblind't,
  Niedrigste Begleitung sind:
Liebe und Lachen liedberedt,
Wenn's ums Herz am schlimmsten steht.

XXVI

Du neigst dem Muschelhorn der Nacht,
O liebe Frau, ein ahnend Ohr.
Welch Laut hat dir denn Furcht gemacht
Im sanft entzückten Stimmenchor?
Schien's dir, daß Flüsse brausten wild
Aus Nordens grauem Ödgefild?

Was dich so stimmt, dir Angst gebracht,
Ist dessen Werk, prüfst du den Grund,
Der tolle Mär uns übermacht,
Beschwörbar jetzt zur Geisterstund –
Und nur weil eines Namens Tand
Im alten Holinshed er fand.

XXVII

Als wär ich Mithridates dir,
   Der leicht das Giftgeschoß erträgt,
Muß erst Umarmung zeigen mir,
   Daß auch ein Herz sich in dir regt,
Und mir bleibt zu bekennen nur
Die Tücke deiner Zwienatur.

Denn Sprüche, elegant und zart,
   Liebste, mein Mund nicht mehr vollbringt,
Noch kenn ich Liebe von der Art,
   Wie Dichterlied sie tönend singt,
Noch eine Liebe auch, in der
Nicht eine Spur von Falschheit wär.

XXVIII

Sanfte Frau, nicht traurig sing
  Lieder von der Liebe Trug;
Leg die Trauer ab und sing,
  Wie Liebe, die vergeht, genug.

Sing vom langen, tiefen Schlaf
  Der Liebenden, die tot, das Lied
Vom Grab, das aller Liebe Schlaf.
  Liebe ist lebensmüd.

XXIX

Mein Herz, was quälst du mich nur so?
  Ihr Augen, die mein zarter Tort,
Schön seid ihr immer noch – doch oh,
  Wie ist die Schönheit schlimm umflort!

Aus eurem klaren Spiegel trifft,
  Aus Seufzern sanft, wenn du mich küßt,
Voll Schreiens wüster Winde Gift
  Den schattigen Garten, wo Liebe ist.

Und bald wird Liebe nicht mehr sein,
  Wenn über uns die Winde roh –
Doch du, mein Liebstes, meine Pein,
  Ach! ach! was quälst du mich nur so?

XXX

Die Liebe uns vor Zeiten band,
Als eins im Zwielicht schüchtern spielt'
Und eins voll Furcht daneben stand –
Denn erste Lieb ist angsterfüllt.

Wir liebten ernst. Die Liebe ist
Vorbei, die soviel Glück gesehn.
Willkommen nun zur letzten Frist
Die Wege, die wir einsam gehn.

XXXI

Oh, es war draußen bei Donnycarney,
  Die Fledermaus flog im Blätterdach,
Da gingen mein Lieb und ich selbander,
  Und süße Worte sie zu mir sprach.

Und mit uns murmelnd unter den Bäumen
  Der Sommerwind – oh, glücklich! – ging;
Doch sanfter als des Sommers Atem
  War der Kuß, den ich empfing.

XXXII

Den ganzen Tag fiel Regen matt:
O sieh der Bäume so schweren Prunk!
Die Blätter decken dicht den Pfad
Der Erinnerung.

Wir wollen an diesem Pfade dort
Ein wenig weilen, dann scheiden gelind.
Komm, Liebste, daß vielleicht mein Wort
Dein Herze dort find't.

XXXIII

Jetzt, ja jetzt im braunen Land,
  Wo Liebe so süße Musik gemacht,
Wir zwei wolln wandern, Hand in Hand,
  Um alter Freundschaft willen sacht,
Und uns nicht grämen, daß nun so
Zu Ende geht, was einstens froh.

Ein Vagabund, rotgelb sein Kleid,
  Klopft an den Baum und klopft wie wild,
Und rings um unsre Einsamkeit
  Der Wind sein frisches Pfeifen schrillt.
Die Bäume – sie seufzen nicht einmal,
Wenn sie das Jahr im Herbst macht kahl.

Jetzt, ja jetzt klingt keinem Ohr
  Mehr Villanelle und Rundgesang!
Doch wolln wir uns küssen, mein Lieb, bevor
  Der Abschied kommt und der Tag verklang.
Gräm dich nicht, Liebste, füg dich drein:
Das Jahr ist's, das holt seine Ernte ein.

XXXIV

Schlaf nun, o schlaf nun,
  Du mein unruhig Herz!
Eine Stimme schreit ›Schlaf nun‹
  Mir tief in das Herz.

Vorm Tor steht der Winter
  Und schreit sein Begehr.
O schlaf, denn der Winter,
  Er schreit dir ›Schlaf nicht mehr!‹

Mein Kuß geb dir Frieden
  Und Ruhe ins Herz –
Schlaf denn in Frieden,
  Du mein unruhig Herz!

XXXV

Den ganzen Tag hör ich der Wasser
  Tief Gestöhn,
So traurig, wie die Vögel streifen
  In den Höhn –
Sie hörn den Wind schrein zu der Wasser
  Eingetön.

Die grauen, kalten Winde pfeifen,
  Wo ich bin.
Ich höre laut die vielen Wasser
  Drunten ziehn.
Bei Tag und Nacht hör ich sie schweifen
  Her und hin.

XXXVI

Ich hör ein Heer anstürmen gegen das Land
Und den Donner ausschlagender Pferde, um die Knie Schaum.
Herrisch, in schwarzer Rüstung dahinter im Stand,
Verschmähend die Zügel, mit flatternden Peitschen, die Wagenlenker.

Sie schleudern gegen die Nacht ihren Schlachtennamen:
Ich stöhne im Schlaf, wenn ich höre von fern ihr wirbelnd Gelach.
Sie spalten das Dunkel von Träumen, blendende Flammen,
Prallen, prallen gegen das Herz, daß es klirrt wie ein Amboß.

Sie kommen, es wallt im Triumph ihr lang-grünes Haar:
Sie kommen herauf aus der See und jagen vorbei am Gestad'.
Mein Herz, bist du, so zu verzweifeln, der Weisheit bar?
Mein Lieb, mein Lieb, mein Lieb, was ließest du mich allein?

Pöme Penysstück

1927

Zugabe

Er läuft einer Wintersonne nach,
Drängt das Vieh einen kalten, roten Weg,
Ruft ihm, die Stimme, die es kennt,
Er treibt seine Tiere über Cabra.

Die Stimme sagt: die Heimat ist warm.
Sie muhen und machen mit Hufen rohe Musik.
Er treibt vor sich her sie mit einem blühenden Zweig,
Von Dunst gefiedert die Stirnen.

Tölpel, Sklave der Herde,
Streck dich ans Feuer heut abend!
Ich blute am blakenden Strom
Für meinen zerfetzten Zweig.

Dublin 1904

Beim Anblick der Muschelboote bei San Sabba

Jungherzen hörte ich fragen
An blitzenden Rudern nach Liebe und Glück
Und hörte die Gräser der Ebenen klagen:
– *Und nimmer kehr' ich zurück.*

Ihr klagenden Gräser, ihr Herzen,
Eure Fähnlein betrauern ein altes Geschick:
Der wilde Wind, der gekühlt euch die Schmerzen,
– Gar nimmer kehrt er zurück.

Triest 1913

Eine Blume, meiner Tochter geschenkt

Zart weiß die Rose, und zart ist
Der Schenkerin Hand,
Einer Seele, die welk und blasser
Als der Zeiten Sand.

Rosenzart schön – doch zarter
Verschleierst du lind
Ein Wunder in sanften Augen,
Mein blauädrig Kind.

Triest 1913

Sie weint über Rahoon

Regen fällt auf Rahoon, in sanftem Fallen,
Wo mein dunkler Geliebter ruht.
Trüb schallt seine Stimme herauf, in trübem Schallen,
In Monds grauer Hut.

Liebste, du weinst,
Wo sanft, wo trüb seiner Stimme ewiges Schallen,
Ewig ohn' Antwort, bei dunklen Regens Fallen,
Jetzt wie dereinst.

Trüb wird auch unser Herz, ach Liebste, schon bald,
Wie seins in schwarzer Flur
Hier ruht, unter mondgrauen Nesseln hier ruhn, so kalt
Im Regengemurr.

Triest 1914

Tutto è sciolto

Ein Himmel vogellos, seetrüb, ein Stern
Für kurze Frist,
Wie dir, mein Herz, der Liebe Zeit, so fern,
Erinnrung ist.

Der klare junge Blick, die Stirn umwellt
Von Haares Duft,
Das fiel, wie durch die Stille jetzt dir fällt
Dämmrung der Luft.

Was macht der Zauber dich gekränkt,
Der dir verwehrt,
Hat einst die Liebe, die sie scheu geschenkt,
Doch dir gehört?

Triest 1914

Am Strande bei Fontana

Der Wind jault an der Reeden,
Die Molenpfähle schrein;
Ein greisiges Meer zählt jeden
Schlicksilbrigen Stein.

Vor jaulenden Winds Gewittern
Und Kälte verhüll ich ihn warm
Und spür seiner Schulter zartknochig Zittern,
Den knäblichen Arm.

Furcht rings, von droben sich wendend
Aus Finsternis niederwärts,
Und in dem Herzen, so tief, unendend,
Liebe voll Schmerz!

Triest 1914

Kräuter

O bella bionda,
Sei come l'onda!

Aus kühlem Tau und Strahlen lind
Der Mond ein Netz der Stille webt
Im stillen Garten, durch den ein Kind
Die Küchenkräuter sammelnd schwebt.

Mondlicht umfließt sie, wo sie kniet,
Mondtau besternt ihr hängend Haar,
Und, sammelnd, singt sie leis ein Lied:
Schön bist du, wie die Welle war!

Ach, daß Gott mir ein wächsern Ohr verlieh,
Zu panzern mich gegen ihr kindisch Lied,
Und ein gepanzert Herz für sie,
Die Kräuter auf dem Mond sich zieht.

Triest 1915

Flut

Goldbraun auf übersatter Flut
Die Steinweintraube treibt so zag,
Und brütend über den schwankenden Wassern ruht
Der trübe Tag.

Ein Untier aus Wassern schüttelt schwer,
Hebt, senkt seine Mähne aus wirrem Tang,
Wo der brütende Tag hinabstarrt auf das Meer
In dumpfem Zwang.

Laß treiben dahin, du goldener Wein,
Deine Frucht zu der Liebe höchster Flut,
So schwankend weit und gnadenlos wie dein
Unsteter Mut!

Triest 1914

Nachtstück

In trüber Wacht
Bleichsterne regen
Die Fackeln tief.
Gespenstische Feuer vom Himmelsrand leuchten
der Nacht,
An hochhin sich wölbenden Bögen
Ins sünddunkle Schiff.

Die Seraphim
Erwachen in Scharen
zum Dienst, und blaß
Gleiten sie wieder ins Dunkel, in stummem Grimm,
Und schwenken noch im Erstarren
Ihr Weihrauchfaß.

Und lang und kalt
Durchs nächtliche Schwelen
Klingt Totengeläut,
Während in öden Wolken der Weihrauch wallt,
Nichtswärts aus anbetender Seelen
Erstorbenheit.

Triest 1915

Allein

Des Monds graugoldener Schleierschnee
Die Nacht verbirgt,
Aus den Uferlaternen der schlafende See
Goldregenranken wirkt.

Aus Schilfgeflüster dringt durch die Nacht
Ein Nam' – ihr Nam' –
Und meiner Seele Lust erwacht,
Taumelnd vor Scham.

Zürich 1916

Erinnerung an die Players in einem Spiegel um Mitternacht

Sie deklamiern der Liebe
Sprache. Brunst
Aus dreizehn Zähnen. Hiebe
Für dein Gelüst, die nackten Fleischestriebe!
Ob Wort, ob Lied, dein Liebeshauch ist schal
Wie Katzendunst,
Ein heiserer Schwall.

Dies Grau, das starrt,
Lügt nicht, bloß Knochen und Haut.
Laß andern das Küssen. Keine getraut
Sich an den welken Mund, den du geschaut.
Heißhungers Stunde rings.
Reiß aus dein Herz, Salzblut, von Tränen hart.
Reiß und verschling's!

Zürich 1917

Bahnhofstraße

Ein narrendes Paar Augen zeigt
Den Weg mir, wenn der Tag sich neigt,

Den grauen Weg, dess' Zeichen fern
Der Stelldicheins- und der Trennungsstern.

Ah, Stern des Bösen! Stern aus Weh!
Hochherzige Jugend kommt nimmermeh',

Noch Altersweisheit, doch zu verstehn
Die Zeichen, die narrend mit mir gehn.

Zürich 1918

Ein Gebet

Noch einmal!
Komm, tritt all deine Kraft mir ab!
Von fernher haucht ein Wort mir auf mein brechend Hirn
Seine grausame Ruhe, der Ergebung Elend,
Die Furcht ihm dämpfend, wie's bestimmt der Seele.
Laß, stille Liebe! Mein Los!

Blend mich mit deiner dunklen Nähe, o hab
 Erbarmen, geliebter Feind meines Willens!
Widerstand wage ich nicht dem kalten Hauch.
Zieh von mir ab
Mein langsam Leben! Tiefer beug dich, drohendes Haupt,
Stolz meines Falls, erinnernd, erbarmend
Dich seiner, der ist, seiner, der war!

Noch einmal!
Beisammen, gefaltet von der Nacht, an der Erde sie lagen.
 Ich höre
Von fernher leis ihr Wort behauchen mein brechend Hirn.
Komm! Ich gewähre. Beug tiefer dich über mich!
 Ich bin hier.
Verlaß mich nicht, Bezwinger! Einzige Freude,
 einzige Qual,
Nimm mich, rette mich, still' mich, o schone mich!

Paris 1924

Ecce Puer

1932

Ecce Puer

Aus dunkel Vergangnem
Ein Kind geborn;
In Freude und Kummer
Mein Herz verlorn.

Still dort im Bettchen
Das Lebende liegt.
Von Liebe und Gnade
Sei es gewiegt!

Jung Leben atmet
In stiller Gewalt;
Die Welt, die nicht war,
Wird Gestalt.

Ein Kindlein schlafend;
Ein Alter davon.
O verlassener Vater,
Vergib deinem Sohn!

Traumzeug

Fragment aus einer
verlorenen Verskomödie
1900

Im sanften Nachtwehn
Hör' deinen Liebsten gehn,
Lausch doch der Gitarr'!

Fraue wunderbar,
Greif einen Mantel dir,
Laß deinen Liebsten hier
Schmecken dein süßes Haar . . .

Glanz und Dunkel

Fragmente aus einer
verlorenen Gedichtsammlung
um 1900

I

Auch mich riß der Tumult der Masse hin:
Ich hatte Teil an ihrem wüsten Spiel;
Ich brüllte nach, was sie mir vorgeschrien,
Und war so rüd und roh, wie's ihr gefiel.

Ich hielt Gemeinschaft mit der Niedrigkeit
Und trag' als Mal untilgbar ihren Kuß;
Ich lebt' von dem, was Nächstenliebe streut,
Und trank der Wonne Hefe mit Genuß.

2

Ja, ja, für diese Liebe
Gab alles ich dahin;
Denn sie war gar so schön,
Und ich war ganz von Sinn'n.

Alles Fleisch, so heißt's,
Es ist wie Gras, welkt jach;
Der Brennstoff für den Ofen
Wird einst verzehrt sein, ach!

3

Dein dunkles Leben, ohne der Liebe, der Freundschaft Ruh',
  Geht nun dem Ende zu.

Sieh, keine Lippe küßt mehr deine Verweslichkeit,
  O tote Unkeuschheit!
Nur des Alleinseins Fluch liegt brütend noch auf dir,
  Stillt seine letzte Gier,
Und bald schon wirft man dich – gerechter Spruch! – hinab
  Ins bitter enge Grab.

4

»Requiem aeternam dona ei, Domine« –
Ganz still, beschämt, voll Trauer, neigt' das Haupt ich tief:
Ich hatte ihn gehaßt – ein arm Geschöpf von Staub –
Und alles, was an bittern Neidgedanken kam
Aus alter Zeit und stand nun vor der Bahre Raub,
Es wies mit hagern Fingern durch die Nacht ...
O Nam',
Du unaussprechlich stolzer Nam', zu dem die Not
Verlorner Engel schreit, aus Tiefen, Flamm' an Flamm':
Zu solchem Ende haßt' ich – so armsel'gem Tod?

5

. . .
Ich intonier die Hymne hoch,
Nehm' teil an ihrer Festlichkeit.
Schwingt her, schwingt hin – die Stunde flieht –
Euer zaubrisch Haar, voll lebendiger Zier
Aus Freude, die Funken um Funken sprüht
Und Stern um Stern, verzückend schier.
Ihr Arme, wogt und wallt empor;
Ihr Hexen, webt über den Boden hell
Euern feingesponnenen Zauberflor . . .

Manche sind hübsch und manche sind scheel,
Manche sind dunkel wie wintriger Grund,
Manche wie goldener Regen so bunt.
Zu Klängen, hinfließend wie Wellentanz,
Ziehn sie in blendender Symmetrie;
Ihre blitzenden Glieder vermischt ein Glanz
Aus leuchtend-lebendiger Harmonie.
Goldene Sicheln bekrönen ihr Haupt,
Gehörnt und funkelnd wie der Mond
. . .

6

Wind deine Arme um mich, Zauberin, ganz,
Beim Murmeln fern wollüstiger Musik:
Geschloss'nen Augs will ich träumen mit dir beim Tanz,
Daß ich die Welt meiner Sorgen nicht mehr erblick'.

Schneller und schneller! schlagt die Harfen im Saal!
Weib, mir wird bange – der Tanz ist des Todes Tanz!
Schneller! – mich packt der Schwindel – und, ah, ich fall'!
Die ferne Musik murrt trauernd im Mummenschanz …

7

In den Wind laßt uns schlagen den Gram und die Grillen,
Uns lieber mit Freuden ein Tänzchen aufspielen,
Beim Quietschen der Fiedelsaiten genesen.

Das Warum dieser Welt ist ein rätselhaft Wesen,
Vertrackt und verdrießlich, schwer aufzulösen.
Zum Teufel mit all'n, die in Trübsal sich sielen:
Trallala, trallala …

Eine glänzende Karriere

Fragment aus einem
verlorenen Theaterstück
1900

Das Dorf wolln wir hinter uns lassen,
Fröhlich, wir beide vereint –
Herzhaft wandern und singen dem Wind
Mit dem Zigeunerfreund.

Juli 1900, Mullingar

Verstreute Jugendlyrik

1900-1904

Bist du nicht müd das glühnde Fragen,
Das Locken der gefallnen Seraphim?
Sprich nicht mehr von entrückten Tagen.

Dein Aug hat Brand in Menschenherz getragen,
Und was du wolltest tatest du an ihm.
Bist du nicht müd das glühnde Fragen?

Über der Flamme an den Meeren schlagen
Rauchopfer preisend himmelhin.
Sprich nicht mehr von entrückten Tagen.

Im Hymnus der Eucharistie klingt Klagen
Und Abgerißnes, das aus uns geschrien.
Bist du nicht müd das glühnde Fragen?

Solange Hände mit dem Kelche ragen,
Dem schäumenden, Dankopfer zu vollziehn,
Sprich nicht mehr von entrückten Tagen.

Und bannst doch unser Schaun und schmachtend Zagen
Mit Leibs Verschwendung, sehnsuchtsvoller Miene!
Bist du nicht müd das glühnde Fragen?
Sprich nicht mehr von entrückten Tagen.

Kommt, seht, wie Jugend sich ergetz',
Unter dem Mond, am Ufer frei –
Laßt eure Waffe und euer Netz,
Den Webstuhl und die Stickerei.

Bringt mir zurück die Tage lind,
Kristallenes Mondlicht am Gestad'.
Eure Füße woben manch Labyrinth
Vor Zeiten auf den Elfenbeinpfad.

Die Waffen und Webstühle sind nun fort,
Und Füße eilen am Ufer entlang.
Ich hör' die Viola, die Flöte dort,
Des Psalters und der Harfe Klang.

Gelegenheitsverse

auf die Heldinnen
der eigenen Bücher
1925-1929

Post Ulixem Scriptum

Mann, hast du denn noch nie gehört
von der drallen Molly Bloom,
Einer irischen Schönheit, Sir, so prall
wie Annie Levy Blumenthum?
Wenn sie saß in des Vizekönigs Loge,
verließ Tim Healy gleich der Mumm,
Er verkroch sich auf einen Wink ihres Augs
in der Ecke und wurde rot.
Ihre Lebensgeschichte, bewegt wie nichts,
füllt' leicht auf einen Zug
Ein Handbuch, das die ganze Welt
umfaßt' von Gibraltar bis Sandy Hook;
Doch nun die Geschichte erzählt ist, hab
ich verlorn, herrje!, meinen Dandy-Look,
Denn Molly Bloom ist fort, und mir
bleibt: nur der Tod.

Mann, ich entsinne mich noch sehr gut,
wie ich ganz außer Rand und Band:
Wir picknickten fein im Sonnenschein
in Frankreich und Spanien und
Ungarnland,
Und sie sagte, ich wäre ihr Erster und Letzter,
während der Wein floß unverwandt.
Aber jetzt hat ein jeder Fant, der sie trifft,
die Finger bei ihr im Versteck.

Mann, ich entsinne mich noch, wie ich
sie für ihren Ehestand
Von Herzen und Hirn herausgeputzt,
doch ach! ich war nur ein Passant
Unter jungen Laffen, zahlreicher noch,
als Penelope jemals Freier fand:
Sie ließ mich auf der Schwelle wie
einen Hund: daß ich verreck'.

Mein linkes Auge tränt, und sein
Nachbar ist randvoll Wasser, Mann:
Nicht sehn mehr kann ich das Mädchen, in dem
ich Irlands willigste Tochter gewann;
Wenn ich hör' ihre Liebhaber tausendweis'
sich tummeln, den Hof ihr zu machen, dann
Tät' gerne, säh' mich nur keiner dabei,
ich heulen wie ein Wicht.
So lebe denn, liebe denn fröhlich dahin,
der sich drehenden Erde zum Zwecke,
Und allmorgendlich eine galante Sonn'
dich zu frischem Reichtum von Gold erwecke;
Doch wenn an die Wolken ich klammere mich,
die da sind deine Unterröcke,
O Molly, hübsche Molly, dann läßt
du bestimmt: sterben mich nicht?!

Habt dies Buch, braun gebunden,
Ihr bei Faber gefunden,
So seht, wie Ann' Liffey tripptuppt um die Runden.
Siebensündig im Singsack,
Plurabelle in der Pros',
Muschickert sie seeisch, worinnernd sie floß.

Kammerzofe der Musik

Mit dem Namen James Joyce verbinden wir vieles, aber gewiß nicht in erster Linie Lyrik und schon gar nicht Liebesdichtung. Joyce war ein unübertroffener Meister der Prosa, zudem ein Revolutionär nicht nur der Sprache und der Formen, sondern auch der Themen. Mit Vorliebe schrieb er über die Verrichtungen des Alltags, also über recht profane Gegenstände, neben denen so unalltägliche und himmlische Dinge wie die Liebe und ihre poetische Anrufung kaum einen Platz finden konnten – und wenn, dann höchstens als enttäuschte Hoffnung und frustriertes Begehren. Die Welt des *Ulysses* ist eine Welt nüchterner Erfahrungen und eines prosaischen Daseins, dem wir, wenn wir lernbereit sind und uns ein paar Scheiben vom Allerweltshelden Leopold Bloom abschneiden, vielleicht mit milder Freundlichkeit begegnen können, jedoch nicht mit glühender Liebe.

Aber ein Buch wie der *Ulysses* fällt nicht vom Himmel, und bevor Joyce es wagen konnte, ein dickes Buch um den freundlichen Bloom herum zu bauen, mußte er die Virtuosität seiner Sprache lange üben, indem er sich einem weniger freundlichen, dafür von Leidenschaften aufgewühlten Helden widmete: Stephen Dedalus, dem Spiegel der Joyceschen Jugend. Stephen aber ist Dichter oder möchte es jedenfalls gern sein; eine Zukunft als feuriger Lyriker hatte sich auch der junge Joyce selbst eigentlich erträumt.

Tatsächlich scheint das früheste Werk von Joyce ein Gedicht gewesen zu sein. Er schrieb es 1891, als Neunjähriger, und sein stolzer Vater ließ das hochtrabend »Et tu, Healy« betitelte Werk sogar drucken und unter Freunden verteilen, weil sein Sprößling darin so wortreich den Tod des von seiner Partei verratenen irischen Politikers Charles Stewart Parnell beklagte. Bei dem Gedicht, von dem nur Bruchstücke bekannt sind, handelte es sich also um ein politisches Pamphlet, das erste und letzte, das Joyce schrieb. Von nun an suchte er sich produktivere Themen.

Auf dasjenige der Liebe verfiel er ab 1896. In diesem Jahr lernte der Jüngling nicht nur in den dunklen Gassen seiner Heimatstadt Dublin die körperliche Liebe kennen, sondern begann auch mit der Abfassung lyrischer Gedichte, die er zu einer Sammlung mit dem Titel *Moods* (*Stimmungen*) zusammenstellte. Bis zum Ende der 1890er Jahre wuchs diese Sammlung auf fünfzig bis sechzig Gedichte an, die vor allem von den Liedern der englischen Renaissance und den Dichtungen William Blakes beeinflußt waren, während Joyce die englischen und irischen Dichter seiner Zeit (mit Ausnahme von William Butler Yeats) wenig schätzte. Leider hat sich aus der Sammlung *Moods* gar nichts erhalten.

Um die Jahrhundertwende verwarf Joyce die *Moods* und arbeitete an einer neuen Sammlung, die unter dem Titel *Glanz und Dunkel* zwei Gruppen von Liebesgedichten einander gegenüberstellte; in der einen Gruppe sollte es um »Freude«, in der anderen um »Sünde« gehen. 1901 bot Joyce dem englischen Literaturkritiker und Übersetzer William Archer einige der Gedichte für eine Anthologie an; Archer jedoch fand sie ebensowenig überzeugend wie das Theaterstück *A Brilliant Career* (*Eine glänzende Karriere*), das Joyce ihm schon zuvor eingereicht hatte. Joyce vernichtete daraufhin die Manuskripte und auch das Versdrama *Dreamstuff* (*Traumzeug*), an dem er gleichzeitig gearbeitet hatte – er wollte auf höherem Niveau noch einmal ansetzen. Von *Glanz und Dunkel* und den beiden Dramen sind nur Fragmente erhalten, die sich sehr viel später im Nachlaß des Joyce-Bruders Stanislaus fanden, außerdem die Villanelle der Versucherin »Bist du nicht müd das glühnde Fragen«, die Joyce seinem ersten Roman *Ein Porträt des Künstlers als junger Mann* einfügte, um die poetischen Liebessehnsüchte des autobiographischen Helden Stephen Dedalus zu illustrieren.

Die poetischen Liebessehnsüchte von Joyce selbst waren mit der Vernichtung der Jugendwerke keineswegs gestillt. Von 1901 bis 1904 arbeitete er an neuen Gedichten, die er, wenn er sie fertig hatte, in Schönschrift auf große Papierbögen schrieb, mit denen er die Literaten Dublins zu beeindrucken suchte. Als Titel oder Untertitel einer Sammlung dieser Gedichte hatte Joyce ursprünglich wohl *A Book of Thirty Songs for Lovers* (*Ein Buch mit dreißig Gedichten für Liebende*) im Sinn gehabt; tatsächlich geht es in allen Gedichten dieses Zyklus um eine idealisierte, wenn auch oft unerwiderte, enttäuschte oder hintergangene Liebe. In *Stephen der Held*, dem ersten Versuch, seine Jugendjahre in einen Roman umzusetzen, umreißt Joyce, unter welchen Umständen er seine Liebesgedichte schrieb und an welche Grenzen er dabei stieß:

»Die Liebesgedichte waren für ihn ein Vergnügen: er schrieb sie in langen Abständen, und wenn er schrieb, war es stets eine reife und durchdachte Empfindung, die ihn dazu trieb. Aber in seinem Ausdrucksbemühen um die Liebe sah er sich genötigt, das, was er die feudale Terminologie nannte, zu benutzen, und da er sie nicht mit derselben Gläubigkeit und Absicht benutzen konnte, die die feudalen Dichter beseelt hatten, war er genötigt, seiner Liebe einen leicht ironischen Ausdruck zu geben. Dieser Beiklang von Relativität, sagte er, der sich in eine so immune Leidenschaft mischt, ist ein moderner Ton: wir können ein ewiges Treuebündnis weder schwören noch erwarten, weil wir zu genau die Grenzen jeglicher menschlichen Energie kennen. Es ist dem modernen Liebhaber nicht möglich, sich das All als Helfershelfer seiner Liebesaffäre zu denken, und die moderne Liebe verliert zwar etwas von ihrer wilden Entschlossenheit, gewinnt aber dafür an Liebenswürdigkeit.«

Die Joyceschen Liebesgedichte aus dieser Zeit orientieren sich handwerklich perfekt an älteren Formen – vor allem den Liedern der Elisabethaner –, füllen aber dieses vormoderne Formenrepertoire mit einer modernen Auffassung dessen, was die Liebe ist. Der Effekt ist eine eigenartige Spannung zumindest der besten dieser Gedichte. Sie klingen sprachlich, rhythmisch und reimtechnisch nach einer vergangenen Zeit, transportieren freilich Sehnsüchte, die durchaus modern sein können. Joyce ging es darum, »die perfektesten Liebeslieder unserer Zeit« zu schreiben, was in seinen Augen nur möglich war, solange er nicht wirklich verliebt war, sondern dichtend eine ideale, überwirkliche Liebe besingen konnte. In dem Moment, in dem Joyce – im Juni 1904 – seine große Liebe Nora Barnacle kennenlernte, mit der er den Rest seines Lebens teilen sollte, versiegte deswegen der Strom der Verse. Erst sehr viel später versuchte Joyce, die Liebesideale auf seine reale Liebe zurückzubiegen; in einer Zeit der Beziehungskrise schenkte er Nora 1909 zu Weihnachten das eingebundene Exemplar einer mit kunstvoll ornamentierten Initialen versehenen handschriftlichen Abschrift des Gedichtzyklus auf Pergament.

Versuche, den Zyklus unter dem Titel *Chamber Music* (*Kammermusik*) bei einem Verlag unterzubringen, hatte Joyce seit 1905 unternommen, doch als der Band zwei Jahre später als seine erste Buchveröffentlichung endlich erschien, war das Interesse des Autors schon spürbar geschwunden: »Ich bin froh, daß die Gedichte veröffentlicht werden sollen, weil sie ein Dokument meiner Vergangenheit sind, aber ich bedaure, daß die Jahre vorübergehen«, schrieb er seinem Bruder Stanislaus, der die endgültige Abfolge der 36 Gedichte eingerichtet hatte. Stanislaus Joyce hat die Gedichte so geordnet, das die erste Hälfte des Zyklus die verführerische Werbung um eine Geliebte schildert, die sich dann aber offenbar abwendet, woraufhin in der zweiten Hälfte der Gestus von Klage und Enttäuschung vorherrscht. Einige wenige aus dem Zyklus ausgesonderte Gedichte wurden erst lange nach dem Tod von Joyce aufgefunden, darunter »Kommt, seht, wie Jugend sich ergetz'«.

Als *Kammermusik* 1907 erschien, hatte Joyce die Abfassung von Gedichten ganz aufgegeben; erst ab 1913 entstanden – ausgelöst fast immer durch persönliche Krisen und private Erfahrungen – neue Verse, in denen Joyce seine unerfüllbare Liebe zu Frauen seiner Umgebung, aber auch die väterliche Liebe zu seinen beiden Kindern zum Ausdruck brachte. Bis 1918 waren so elf Gedichte beisammen, 1924 kam noch »Ein Gebet« hinzu; diese zwölf lyrischen Texte ließ Joyce (unter Hinzufügung eines viel älteren Gedichts als »Zugabe«, um das Bäckerdutzend zu komplettieren) 1927 von seiner Pariser Verlegerin Sylvia Beach als schmales Bändchen unter dem Titel *Pomes Penyeach* (*Pöme Penysstück*) drucken. Hauptzweck der Publikation war, daß Joyce den Kritikern seines im Entstehen begriffenen Rätselromans *Finnegans Wake* beweisen wollte, er sei immer noch fähig, auch etwas ganz Schlichtes und Zugängliches zu schreiben.

Nachdem das Verbot des lange als pornographisch verkannten *Ulysses* schließlich in England und Amerika aufgehoben wurde und Joyce dort in den namhaftesten literarischen Verlagen publiziert werden konnte, erschien dort 1936 der Band *Collected Poems*, der allerdings außer *Kammermusik* und *Pöme Penysstück* nur ein einziges Gedicht enthielt, »Ecce Puer« von 1932, ein recht persönlich gehaltener Niederschlag der Joyceschen Vater- und Enkelliebe. Weit ist der Weg inhaltlich von den schwärmerischen Liebesgedichten des jugendlichen Joyce bis zu diesem Gedicht des liebenden Großvaters; formal allerdings hat sich die Joycesche Lyrik zwischen 1900 und 1932 weit weniger verändert, als sich das von der Prosa sagen läßt, die Joyce im selben Zeitraum radikal revolutionierte.

Neben den gleichsam offiziellen Gedichten, die in den *Collected Poems* gesammelt wurden, und den größtenteils verlorenen Jugendgedichten, deren fragmentarische Reste erst nach dem Tod von Joyce zugänglich wurden, gibt es noch einen dritten Strang der Joyceschen Gedichtproduktion, nämlich die sogenannten Gelegenheitsverse. Fast sein Leben lang hat Joyce aus aktuellen Anlässen, die fast immer in seinem persönlichen Umfeld zu suchen waren, notdürftig gereimte Texte verfertigt, um die vielen Mitmenschen, von denen er sich schlecht behandelt fühlte, wütend, höhnisch oder spöttisch aufs Korn zu nehmen oder auch die wenigen Mitmenschen, denen er Dank schuldete, neckisch zu belobigen. Diese Verse, oft in Form von Limericks gehalten oder parodistisch ans Floskelrepertoire bekannter Volkslieder angelehnt, sind in ihren besten Momenten einigermaßen witzig, aber kaum poetisch – und Gedichte eines Liebenden sind es schon gar nicht. Zwei Ausnahmen allenfalls gibt es: 1925 besang Joyce in »Post Ulixem Scriptum« die lebenslustige weibliche Hauptfigur des *Ulysses*, Molly Bloom, vier Jahre später dann die Anna Livia Plurabelle seines letzten großen Schreibprojekts *Finnegans Wake*. Die eigentliche Joycesche Liebe, das mögen wir daraus lernen, galt fast sein Leben lang zuvörderst den Produkten der eigenen Phantasie, seinen Büchern, vor allem den Romanen.

Die Liebe der Joyce-Fans gilt diesen Romanen ebenso, die Gedichte hingegen werden von ihnen kaum beachtet und (sicherlich nicht ganz zu Unrecht) als Nebenwerk abgetan. Daß *Kammermusik* heute im Schatten des *Ulysses* steht und *Pöme Penysstück* in dem von *Finnegans*

Wake, ist nur zu natürlich und verhindert jeden vorurteilsfreien Blick auf das lyrische Schaffen von Joyce. Frühe Zeitgenossen hatten es da einfacher, denn als sie den Band *Kammermusik* in die Finger bekamen, konnten sie noch nicht ahnen, daß der Autor einmal mit ganz anderen Büchern weltberühmt werden würde. *Kammermusik* wurde allgemein freundlich besprochen, und vielleicht hilft der Blick in jene frühen Rezensionen, sich heute besser vorzustellen, wie Joyce damals wahrgenommen werden konnte.

Der Ire Thomas Kettle, ein Joycescher Bekannter aus gemeinsamen Studientagen, hebt hervor, daß das Buch »ganz und gar literarisch« und darin nichts von dem folkloristischen Einschlag zu finden sei, der ansonsten die ganze zeitgenössische irische Literatur kennzeichne – insofern war *Kammermusik* also durchaus etwas Neues, gerade im Rückgriff auf ältere literarische Traditionen. Weiter schreibt Kettle: »Es gibt nur ein Thema hinter der Musik, eine Liebe, anmutig und auf ihre Weise seltsam eindringlich, freilich geformt nach veranlagungsbedingten und literarischen Gesetzen, welche zu streng sind, um ein Hinübergleiten in den großen Tumult der Leidenschaften zu erlauben.« Joyce, so wollen wir das verstehen, liebt gewissermaßen mit angezogener Handbremse, weil er literarisch liebt.

Der anonyme Rezensent des *Glasgow Herald* preist die »altmodische Lieblichkeit und Schmacklichkeit« der Joyceschen Gedichte, also etwas, was wir heute nicht unbedingt mit dem Namen Joyce verbinden würden. Im *Daily Chronicle* erscheint eine weitere anonyme Rezension, von der wir erst seit kurzem wissen, daß sie aus der Feder von Edward Thomas stammt, einem Kritiker, der sich wenige Jahre später als einer der produktivsten Lyriker seiner Zeit entpuppen sollte. Thomas findet an der »Reinheit und Klarheit« der Joyceschen Verse nur bedingt Geschmack, zitiert aber lobend Gedicht XVIII (»O Liebling, höre«) und kommentiert: »Wenn er in jedem der sechsunddreißig Gedichte so gut wäre, würden wir sagen: je mehr er schreibt, desto besser.«

Im deutschen Sprachraum wurde Joyce erst wahrgenommen, nachdem der *Ulysses* erschienen war, und sogleich als großer Sprach- und Formerneuerer. Den Blick auf die frühe Lyrik hat das freilich nicht gänzlich verstellen können. Iwan Goll nennt 1927 *Kammermusik* »ein Bändchen sehr stiller und melodiöser Verse« und »zart wie ein Morgenhauch«; für Ernst Robert Curtius, der sich im Jahr darauf ebenfalls mit Kammermusik befaßt, bewegen sich die Verse »im strengen Stil elisabethanischer Madrigale. Und dennoch sind es keine Exerzitien, sondern ganz durchseelte, zarte Liebesverse von bestrickendem Wohllaut.« Hans Hennecke findet noch in seinem Nachruf auf Joyce 1941 Lobesworte für die »Sammlung kurzer Gedichte, deren jedes in Stil und Melodik wie ein wortgewordener Hauch der Seele ist.«

Ein Vierteljahrhundert später ist Arno Schmidt weitaus kritischer. Er nennt die beiden Joyceschen Gedichtbände »seidenbunte Sächelchen – apart changierend; zugegeben – die aber zur selben Zeit 100 Andere auch geliefert haben. Einige Dutzend Leute sogar besser.« Als Beispiele für diese Besseren nennt er Hopkins, Rilke und Däubler, sagt aber gleich dazu, daß er diese drei »nicht übermäßig schätze« – überhaupt mag Arno Schmidt Gedichte so wenig, daß er als ernsthafter Richter auf lyrischem Felde wohl ausscheidet.

Bitten wir zum Schluß also lieber noch einen wahren Lyrikkenner um sein Urteil. Seamus Heaney hat 1982 aus Anlaß des hundertsten Geburtstags von Joyce einen kurzen Aufsatz über dessen lyrisches Werk verfaßt, in dem er zu einem ausgewogenen Urteil kommt: »Gewiß, die Gedichte sind wohlgestimmt und wohlgetrimmt, sie verfügen über technische Raffinesse, einen Hauch des Elegischen und Pathetischen. Aber von Interesse sind sie hauptsächlich, weil sie von Joyce geschrieben wurden, und hauptsächlich überraschen sie, weil sie so ganz anders sind als andere Teile seines Werks.« Zwar preist Heaney die Joycesche Poesie in höchsten Tönen – allerdings nicht die Poesie der Lyrik, sondern die der Prosa bestimmter Teile des *Ulysses*; die Joycesche Lyrik sei damit verglichen nur ein Stimmen der Instrumente. Und Heaney gibt uns einen Ratschlag: »Vielleicht ist die beste Methode, uns an diesen Gedichten zu erfreuen, die einer ganz leichten ästhetischen Distanziertheit, eines Kennerblicks. Und dies scheint in der Tat die Methode gewesen zu sein, mit der Joyce selber Dichtung zu schätzen wußte. In *Ein Porträt des Künstlers als junger Mann* liebt Stephen – wie Joyce im echten Leben – die Lieder der Elisabethaner, die klagenden und melodiösen Rhythmen von Nashe und Dowland und Shakespeares Liedern. Das ist Dichtkunst als Kammerzofe der Musik, als Anreiz und Einladung zum Träumen.«

Es stimmt, wir werden den Joyceschen Liebesgedichten nicht gerecht, wenn wir sie nur als gedruckte Texte betrachten und ihr musikalisches Potential außer acht lassen. Diese Gedichte wollen gesungen werden. Schon Joyce selbst beharrte 1907, als er sich von der Lyrik zu distanzieren begann, dem Bruder gegenüber darauf: »Aber einige davon sind hübsch genug, vertont zu werden.« Wenn das ein Aufruf an Komponisten war, verhallte er nicht ungehört. Geoffrey Molyneux Palmer war 1909 der erste, der dem Aufruf nachkam, er setzte insgesamt 32 der Gedichte in Musik; rund hundertfünfzig weitere Komponisten folgten, darunter Samuel Barber, Luciano Berio, Anthony Burgess, Nicholas Nabokov (der Cousin des *Lolita*-Autors) – und der ehemalige Pink-Floyd-Gitarrist Syd Barrett, der das Gedicht V (»Beug aus dem Fenster dich«) unter dem Titel »Golden Hair« für seine Debüt-LP von 1969 vertonte.

Die Liebesgedichte von James Joyce sind also im Grunde Liebeslieder. Vergessen wir nicht, daß Joyce, der eine schöne Tenorstimme besaß, um ein Haar Sänger und nicht Schriftsteller geworden wäre (seine Lebensliebe Nora trauerte der verpaßten Chance zeitlebens nach). 1904, als die Arbeit an den Gedichten von *Kammermusik* zu Ende ging, faßte Joyce den etwas verwegen klingenden Plan, sich eine Laute bauen zu lassen, damit durch südenglische Seebäder zu tingeln und zu eigener Begleitung Renaissance-Lieder vorzutragen, um sich das Geld zu verdienen, das das Schreiben ihm nicht eintrug. Aus diesem Plan wurde nichts – aber wir haben seine Liebesgedichte, die einer Verwirklichung des Plans zumindest in der Phantasie nahekommen. In ihnen ist ein Joyce zu entdecken, der nicht jener Joyce ist, den wir kennen; aber es ist ein Joyce, den kennenzulernen sich durchaus lohnt.

F. R.

Alphabetisches Verzeichnis der Gedichtüberschriften und -anfänge

Quellennachweis

Die in diesem Band versammelten Gedichte stammen aus der »Frankfurter Ausgabe« der *Werke* von James Joyce, herausgegeben von Klaus Reichert und Fritz Senn, Frankfurt am Main: Suhrkamp Verlag 1969-81 (anschließend 1987 in der edition suhrkamp), und zwar mit einer Ausnahme aus dem von Hans Wollschläger übersetzten Abschnitt *Gesammelte Gedichte* des Bandes 4.2:

Gesammelte Gedichte. Anna Livia Plurabelle. Zweisprachig. 1981. 349 S. es 1438.

Das Jugendgedicht »Bist du nicht müd das glühnde Fragen« (Seite 85) ist dem von Klaus Reichert übersetzten Roman *Ein Porträt des Künstlers als junger Mann* entnommen, enthalten in Band 2 der »Frankfurter Ausgabe«:

Stephen der Held. Ein Porträt des Künstlers als junger Mann. 1972. 538 S. es 1453.

Die im Nachwort verwendeten Zitate von und über Joyce stammen aus folgenden weiteren Quellen:

Robert H. Deming (Hg.): *James Joyce. The Critical Heritage.* Bd. 1: 1902-1927. London: Routledge & Kegan Paul 1970.

Wilhelm Füger (Hg.): *Kritisches Erbe. Dokumente zur Rezeption von James Joyce im deutschen Sprachbereich zu Lebzeiten des Autors. Ein Lesebuch.* Amsterdam: Editions Rodopi 2000.

Seamus Heaney: *Finders Keepers. Selected prose, 1971-2001.* London: Faber and Faber 2002, S. 388-390: »Joyce's Poetry«.

James Joyce: *Briefe I.* Herausgegeben von Richard Ellmann. Übersetzt von Kurz Heinrich Hansen. Frankfurt am Main: Suhrkamp Verlag 1969.

Stanislaus Joyce: *Meines Bruders Hüter.* Mit einem Vorwort von T. S. Eliot und einer Einführung von Richard Ellmann. Übersetzt von Arno Schmidt. Frankfurt am Main: Suhrkamp Verlag 1960. st 273. 1975.

Friedhelm Rathjen: *Die Kunst des Lebens. Biographische Nachforschungen zu Arno Schmidt & Consorten.* Scheeßel: Edition ReJoyce 2007, S. 95-104: »James Joyce/Edward Thomas.«

Friedhelm Rathjen: *Flußgefließe. Aufsätze zu James Joyce*. Scheeßel: Edition ReJoyce 2008, S. 33-46: »Was bleibt? Eine Fährtensuche am Strand von Sandymount«.
Arno Schmidt: *Dialoge 3*. Bargfelder Ausgabe, Bd. II/3. Zürich: Haffmans 1991, S. 231-256: »Das Buch Jedermann. JAMES JOYCE zum 25. Todestage«.

Inhalt

In den Liebesgedichten »ist die Sehnsu[illegible]einer
Jugend enthalten, und Du, Liebling, wa[illegible] die
Erfüllung dieser S[illegible]
James Joyce an seine [illegible]

Originalausgabe

ISBN 978-3-458-35045-3
9 783458 350453
€ 5,00 [D]